NATIONAL GEOGRAPHIC

Peldaños

LA COSTA
DEL ATLÁNTICO NORTE
¿DÓNDE ES ESO?

Costa accidentada

por Brett Gover

Los faros ayudan a los navegantes a navegar en la costa del Atlántico Norte. Este faro está en Maine.

Imagina una gaviota que vuela sobre la costa del Atlántico Norte desde Maine a Virginia. ¿Qué ve la gaviota mientras se desplaza hacia el sur junto a la costa?

En el norte, la gaviota vuela sobre la costa rocosa de Maine. Parece como si el océano cortara la tierra retorcida y formara grandes masas de agua llamadas **bahías** y masas de agua más pequeñas llamadas **ensenadas**. La gaviota ve aldeas de pescadores, puertos y pequeñas islas a lo largo de la costa.

Más al sur, la costa se hace más recta y menos rocosa. Aparecen pueblos y ciudades más grandes. La gaviota viaja al sur junto al borde de Nueva Hampshire y luego Massachusetts.

Pasa por Boston y el famoso contorno del cabo Cod. Un **cabo** es un punto de tierra que penetra en el mar.

Al sur de Rhode Island y Connecticut, la tierra se extiende en el océano mientras la gaviota pasa los altos edificios de Nueva York. Luego, vuela sobre Nueva Jersey, Delaware y Maryland. Pronto, se eleva sobre pueblos con playas, bosques de pinos e islas largas y angostas.

Después de cruzar la boca de la bahía de Chesapeake, la gaviota llega a Virginia. La tierra junto a la costa ahora es llana, no montañosa. La gaviota ha viajado unas 800 millas a lo largo de una costa accidentada.

¿Dónde es eso?

LA COSTA DEL ATLÁNTICO NORTE

Hay muchas cosas increíbles sobre la costa del Atlántico Norte. Alberga muchos tipos de fauna, así como las ciudades más antiguas e importantes de los Estados Unidos. Estos son algunos datos curiosos sobre los estados del Atlántico Norte.

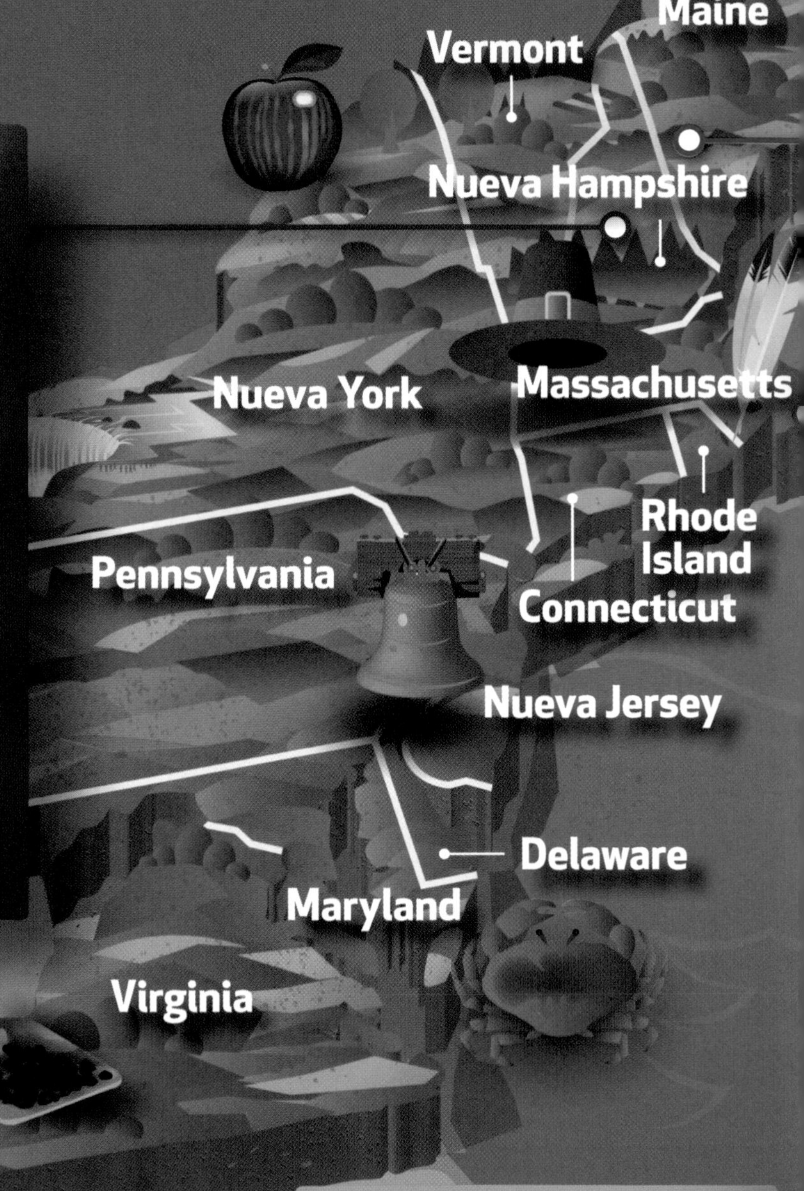

Maine

Vermont

Nueva Hampshire

Nueva York

Massachusetts

Pennsylvania

Rhode Island

Connecticut

Nueva Jersey

Delaware

Maryland

Virginia

Nueva Hampshire

Varios tipos de ballenas grandes viajan a través de las aguas cercanas a la costa del Atlántico Norte. Lugares como Nueva Hampshire ofrecen paseos de avistamiento de ballenas. Las personas dan el paseo para tener la oportunidad de ver una ballena jorobada (que se muestra aquí) de cerca.

Nueva Jersey

Los sistemas climáticos chocan cerca de la costa del Atlántico Norte. Se combinan para formar súper tormentas sorpresivas. En el año 2012, la súper tormenta Sandy azotó la costa de Nueva Jersey. Causó miles de millones de dólares en pérdidas.

Maine

En el año 2012, atraparon una langosta que pesaba 27 libras cerca de la costa de Maine. La bestia de 40 pulgadas fue devuelta al mar.

El faro de Moose Peak en la isla Mistake en el norte de Maine es el lugar más brumoso de la costa atlántica.

Massachusetts

La Universidad de Harvard (arriba) es la universidad más antigua de los Estados Unidos.

Boston, Massachusetts, es una ciudad pionera. La ciudad dice que posee el primer faro, el primer parque público, la primera escuela pública, la primera universidad y el primer tren subterráneo de los Estados Unidos. También fue la primera ciudad estadounidense en celebrar una maratón anual.

Nueva York

El área de Boston a Washington, D.C., es una **megalópolis**, una gran área de ciudades muy cercanas. Se extiende más de 400 millas y alberga a casi un sexto de la población de los EE. UU. Incluye a Filadelfia y Baltimore. También incluye a Nueva York (arriba), la ciudad más grande de la nación, que está en el estado de Nueva York. La Estatua de la Libertad se encuentra en el puerto de Nueva York y da la bienvenida a todos a los Estados Unidos.

Rhode Island

Rhode Island es el estado más pequeño de los EE. UU. Aproximadamente, 425 estados del tamaño de Rhode Island podrían caber dentro de Alaska, el estado más grande.

Compruébalo ¿Cómo cambia la costa a lo largo de la región del Atlántico Norte?

Pozas de MARAVILI

por Brett Gover

> Estos niños exploran pozas de marea en el parque estatal Odiorne Point en Nueva Hampshire.

¡Splash!

El agua choca estruendosamente en la costa de Maine. Los animales que viven al borde del océano sienten este ritmo de las mareas todos los días.

Las **mareas** se relacionan con la gravedad. La gravedad del Sol y de la Luna atrae a la Tierra. A medida que la Tierra gira, la gravedad trae el agua del océano bien arriba en algunas costas y aleja el agua de otras costas. Esto produce las mareas. Cuando hay "marea alta" en la costa de Maine, el océano cubre la mayor parte de la playa. Unas seis horas después, hay "marea baja". El agua permanece lejos en el mar. Más rocas y playa quedan descubiertas.

Los animales que viven en las áreas poco profundas del océano también siguen este horario diario. Durante la marea alta, su casa queda completamente cubierta por el océano. Luego queda descubierta cuando la marea se retira. Cuando la marea se retira en costas rocosas, deja pozas de agua marina llamadas **pozas de marea**.

La vida puede ser difícil para las criaturas en las pozas. La marea alta a veces lleva peces grandes y hambrientos a las pozas. Durante la marea baja, el sol caluroso brilla sobre las criaturas de las pozas de marea, y las aves hambrientas y otros animales pueden llegar allí y comérselos fácilmente. ¿Qué se encuentra en una poza de marea? Echemos un vistazo.

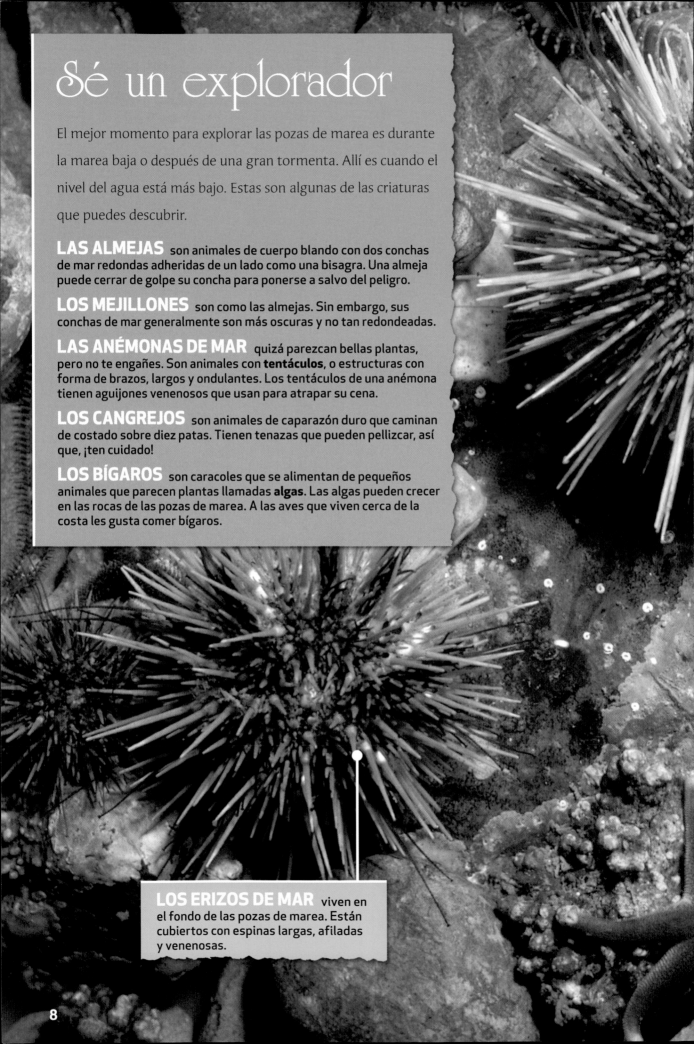

Sé un explorador

El mejor momento para explorar las pozas de marea es durante la marea baja o después de una gran tormenta. Allí es cuando el nivel del agua está más bajo. Estas son algunas de las criaturas que puedes descubrir.

LAS ALMEJAS son animales de cuerpo blando con dos conchas de mar redondas adheridas de un lado como una bisagra. Una almeja puede cerrar de golpe su concha para ponerse a salvo del peligro.

LOS MEJILLONES son como las almejas. Sin embargo, sus conchas de mar generalmente son más oscuras y no tan redondeadas.

LAS ANÉMONAS DE MAR quizá parezcan bellas plantas, pero no te engañes. Son animales con **tentáculos**, o estructuras con forma de brazos, largos y ondulantes. Los tentáculos de una anémona tienen aguijones venenosos que usan para atrapar su cena.

LOS CANGREJOS son animales de caparazón duro que caminan de costado sobre diez patas. Tienen tenazas que pueden pellizcar, así que, ¡ten cuidado!

LOS BÍGAROS son caracoles que se alimentan de pequeños animales que parecen plantas llamadas **algas**. Las algas pueden crecer en las rocas de las pozas de marea. A las aves que viven cerca de la costa les gusta comer bígaros.

LOS ERIZOS DE MAR viven en el fondo de las pozas de marea. Están cubiertos con espinas largas, afiladas y venenosas.

¡Preparados, listos, a explorar!

Explorar una poza de marea puede ser peligroso, por lo tanto, asegúrate de que haya un adulto cerca y sigue estos consejos.

SÍ:

Camina con cuidado. Las rocas cubiertas con algas húmedas pueden ser resbalosas.

Investiga el horario de la marea del día y planifica el mejor momento para ver las pozas.

Haz preguntas. Hay muchos tipos de animales en las pozas de marea. Sé curioso y habla sobre lo que veas.

Toca a los animales amablemente. No despegues a los animales de las rocas. Regresa todo lo que muevas al lugar donde lo encontraste.

Toma notas. Describe los animales que veas. Toma fotos o dibuja a los animales para que los recuerdes más tarde.

NO...

camines sobre las pozas de marea. Puedes perturbar o dañar a los animales si caminas sobre las pozas de marea. También podrías hacerte daño o lastimar el aguijón venenoso o la espina afilada de un animal.

pierdas de vista el océano. Las olas grandes pueden tomarte por sorpresa.

te lleves nada a casa. Las estrellas de mar son bonitas, pero si sacas una de su poza, morirá. Deja a las estrellas de mar en su casa cuando vuelvas a la tuya.

LAS ESTRELLAS DE MAR tienen piel dura y espinosa. La mayoría de las estrellas de mar tienen cinco brazos, pero algunas tienen más. Usan esos brazos para abrir las conchas de las almejas y los mejillones haciendo palanca.

LAS ALGAS ROJAS por lo general crecen en agua salada, donde se adhieren a las rocas. Las algas aportan oxígeno a las pozas de marea.

Compruébalo ¿Cuáles son algunas de las reglas para observar las pozas de marea de forma segura? ¿Por qué estas reglas son importantes?

Barcos, ciénagas y bulones

por Brett Gover

> Turistas navegan en barcos cisnes en el Jardín Público de Boston. Los barcos han sido una atracción popular desde el año 1877.

Durante miles de años, las personas han vivido y trabajado a lo largo de la costa del Atlántico Norte.

Primero, los nativo-americanos cultivaban el fértil suelo de la costa. Encontraron buenos terrenos de caza y pesca en el mar. Luego, en el siglo XVII, llegaron colonos de Europa. Pronto les siguieron más colonos y construyeron aldeas de pescadores y granjeros junto a la costa.

En menos de 100 años, algunas de estas aldeas se convirtieron en ciudades como Baltimore y Boston. A medida que las poblaciones crecían, los negocios de pesca y cultivo también crecían. Los negocios construyeron fábricas que necesitaban más trabajadores. Muchas personas se mudaron de pueblos chicos a trabajar y vivir cerca de las fábricas en comunidades más grandes.

Las primeras fábricas producían artículos como herramientas de metal y **textiles**, o tela. Más tarde, las fábricas produjeron automóviles, submarinos, plásticos y sustancias químicas. Los puertos naturales del océano Atlántico hacían que fuera un buen lugar para enviar, o transportar artículos por agua. Barcos enormes llevaban muchos de estos productos a otros lugares.

En la actualidad, el turismo es otra industria importante a lo largo de la costa del Atlántico Norte. Millones de visitantes van a ver las ciudades activas. Los turistas también disfrutan de las playas, los viajes en barco, los sitios históricos y la bella costa.

Pesca de cangrejos EN LA BAHÍA DE CHESAPEAKE

Una mañana de verano, los clientes compran cangrejos azules en un mercado de mariscos en Norfolk, Virginia. Hace menos de 12 horas, estos mariscos estaban en el fondo de la bahía de Chesapeake. ¿Cómo llegaron al mercado tan rápidamente?

Joe, el pescador de cangrejos, te podría mostrar. Todas las mañanas, Joe y su tripulación se levantan antes del amanecer y cargan su barco con las herramientas que necesitan para un día de pesca de cangrejos. Empacan canastos de madera y varas largas con garfios en un extremo. Llevan guantes de hule y un barril lleno de carnadas.

En la bahía, una línea de **boyas** coloridas se extiende por el agua. Una cadena une a cada boya con una trampa de cables llamada olla de cangrejos en el fondo de la bahía. La tripulación de Joe ha puesto peces muertos y lombrices en cada olla. Los cangrejos quedan atrapados cuando se arrastran dentro de la olla para comer esta carnada. En cada boya, la tripulación usa la vara con garfios para halar la olla de su cadena. Luego, descargan los cangrejos en una mesa de clasificación. La tripulación usa guantes para protegerse de los pellizcones.

Después de poner carnada fresca en cada olla, Joe deja caer cada olla en el agua de nuevo. Revisa varias líneas de boyas. A media tarde, Joe y su tripulación han vaciado las últimas de sus 250 ollas de cangrejos. Luego, Joe regresa a Norfolk, donde los compradores lo esperan.

> Los cangrejos azules de Maryland provienen de la bahía de Chesapeake. Se llaman así por las pinzas azules del macho. El cangrejo azul hembra tiene pinzas rojas. Tanto los machos como las hembras son apreciados por su sabrosa carne.

Un pescador de cangrejos saca una trampa para cangrejos del agua cerca de la costa de Virginia Beach, Virginia.

Cultivo de arándanos rojos EN MASSACHUSETTS

Cuando piensas en cultivos, piensas en una granja en un campo. Probablemente no imaginas una **ciénaga**, o terreno húmedo y esponjoso. Sin embargo, uno de los cultivos del Atlántico Norte proviene de las ciénagas: ¡los arándanos rojos!

Los arándanos rojos crecen en enredaderas con raíces en el suelo esponjoso de una ciénaga. Las bayas son verdes y pequeñas al principio, pero crecen rápidamente. En otoño, cuando las hojas cambian de color, también lo hacen las bayas. Cuando las bayas se ponen de color rojo brillante, están listas para cosecharlas.

En el sudeste de Massachusetts, Belinda administra una granja que ha estado en su familia durante más de 75 años. En el pasado, el trabajo se hacía en su mayoría a mano. En la actualidad, se hace principalmente con máquinas.

Para recolectar la mayor parte de su cosecha, Belinda usa la cosecha húmeda. Los trabajadores inundan la ciénaga con agua y luego conducen sobre ella en vehículos de ruedas grandes que desprenden las bayas de las enredaderas. Las bayas flotan a la parte superior del agua, donde los trabajadores usan tablas para empujarlas a una cinta transportadora. La cinta las descarga en un camión, que las lleva a una fábrica para hacer salsa de arándano rojo, arándanos secos o jugo de arándano.

> Los trabajadores cosechan los arándanos rojos que flotan en una ciénaga inundada en Massachusetts.

Los arándanos rojos cosechados se recogen con una cinta transportadora y luego se cargan en un camión. Este trabajador aplana las pilas en su camión casi lleno. La siguiente parada para estos arándanos rojos será la planta de procesamiento.

Soldadura de barcos EN MAINE

Raúl no es bajo, pero en el trabajo suele sentirse pequeño. Ayuda a construir y reparar barcos que pueden medir tanto como dos canchas de fútbol americano. Raúl es soldador en un astillero en Maine.

La **soldadura** es una manera de unir piezas de metal. Un soldador usa una herramienta llamada soplete de soldadura. El soplete produce un gran calor que puede derretir dos piezas de metal y unirlas. Cuando se enfrían, están fuertemente adheridas entre sí. Por lo general, Raúl pasa su día soldando los grandes rectángulos de metal planos que forman los costados y la parte inferior de un barco.

La soldadura es un trabajo peligroso. Chispas blancas calientes salen disparadas de la superficie de metal. El ruido puede ser ensordecedor. Es muy importante usar un equipo de seguridad. Raúl usa botas pesadas, guantes de cuero y ropa que no se inflama. Unas gafas de seguridad y un casco para proteger sus ojos y cara. Unos tapones para los oídos bloquean gran parte del ruido.

¡Maine tiene una historia de construcción de barcos que se remonta a más de 400 años!

En el pasado, los densos bosques que crecen cerca de la costa animaron a muchos constructores de buques calificados a mudarse allí. Los bosques brindaban muchos tipos de maderas necesarios para cada parte de los barcos. En la actualidad, sin embargo, los barcos se hacen principalmente de metal.

Construir un barco puede tomar años. Cuando cada barco está listo, Raúl se enorgullece de su trabajo.

El *USS Sir Winston Churchill* es un barco de la marina de los EE. UU. construido en Bath Iron Works en Bath, Maine.

Un soldador usa su soplete de soldadura para reparar el casco de un barco.

Compruébalo Elige uno de los trabajos sobre los que leíste y explica cómo ese trabajador se gana la vida en la costa.

Iluminar la costa

por David Holford

Un barco viaja de Nova Scotia, Canadá a Nueva York. Vientos fuertes y lluvia torrencial asustan a la tripulación y hacen que sea imposible ver adónde van. De repente, una luz brilla en la oscuridad. Muestra dónde está la tierra.

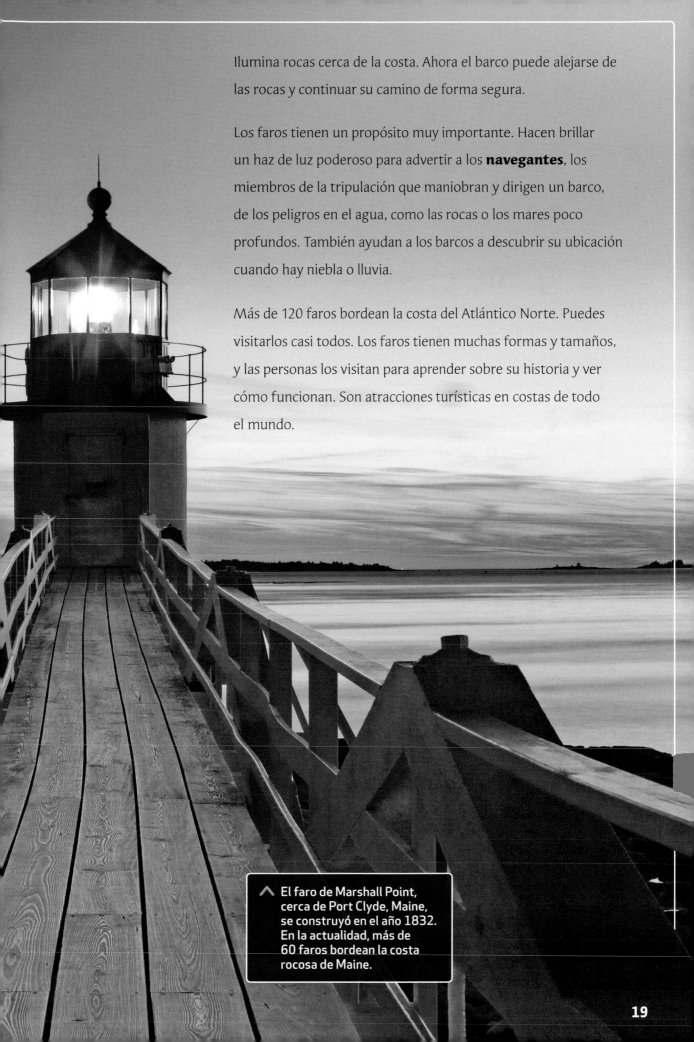

Ilumina rocas cerca de la costa. Ahora el barco puede alejarse de las rocas y continuar su camino de forma segura.

Los faros tienen un propósito muy importante. Hacen brillar un haz de luz poderoso para advertir a los **navegantes**, los miembros de la tripulación que maniobran y dirigen un barco, de los peligros en el agua, como las rocas o los mares poco profundos. También ayudan a los barcos a descubrir su ubicación cuando hay niebla o lluvia.

Más de 120 faros bordean la costa del Atlántico Norte. Puedes visitarlos casi todos. Los faros tienen muchas formas y tamaños, y las personas los visitan para aprender sobre su historia y ver cómo funcionan. Son atracciones turísticas en costas de todo el mundo.

El faro de Marshall Point, cerca de Port Clyde, Maine, se construyó en el año 1832. En la actualidad, más de 60 faros bordean la costa rocosa de Maine.

Construido para durar

Los primeros faros de los Estados Unidos se construyeron a principios del siglo XVIII en la costa del Atlántico Norte. Algunos se hacían con madera, pero la mayoría eran torres redondas simples construidas con ladrillos o piedra. Más tarde, el acero y el hormigón se usaban con más frecuencia para construir faros. Materiales de construcción más resistentes permitieron construir faros directamente en el agua y con muchas formas. Pero la torre alta y redonda sigue siendo común. Es lo que la mayoría de las personas se imagina cuando piensan en faros.

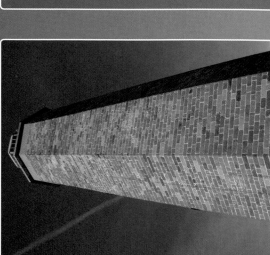

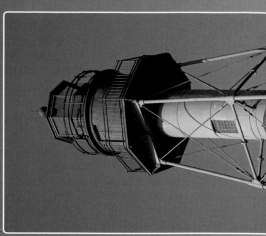

Uno de los primeros faros, como este en Newport, Rhode Island, estaban hechos de madera. Solían agregarse a una casa o incluirse como parte de la casa de la familia del vigía. Pocos faros como este quedan en pie.

Los faros esqueléticos pueden hacerse con tiras de metal delgadas. Requieren menos materiales y son muy livianos. Este diseño suele usarse para los faros sobre arena o lodo, para que no se hundan. Una columna central contiene una escalera. Este faro está en Marblehead, Massachusetts.

Los faros de piedra están hechos de hormigón, ladrillo y otras rocas. Estos faros están diseñados para ser más gruesos en la base y soportar el gran peso de las piedras. Este es el viejo faro del cabo Henry, y es un sitio de interés histórico. Se encuentra cerca del faro blanco y negro (a la izquierda) que se usa en la actualidad.

Los faros de hierro fundido se construyen más fácilmente y son más baratos que los faros de ladrillos y piedra. También necesitan menos reparaciones. Aquí se ve el faro del cabo Henry en Virginia, uno de los faros de hierro fundido más altos de los Estados Unidos.

¿Qué hay dentro?

Hace muchos años, los guardianes de faros trabajaban mucho para que los barcos estuvieran a salvo. En la actualidad, la mayoría de los faros son **automatizados**. Las máquinas hacen el trabajo por las personas. Por ejemplo, el trabajo principal de un vigía solía ser encender la luz con una fogata brillante todas las noches. En la actualidad, una luz eléctrica se enciende todas las noches automáticamente en la mayoría de los faros. Se construyen nuevos faros con tecnología moderna útil, mientras que muchos de los faros históricos han sido actualizados con características especiales. Lee sobre algunas de las partes que funcionan en el faro de cabo Cod, Massachusetts, que se muestra en esta página.

En la parte superior de la torre está la habitación de la linterna. Esta contiene la luz, o "lámpara". La lámpara debe hacer brillar su luz sobre una gran área. Para hacer esto, tiene un motor que hace girar la lámpara cuando está encendida. Así, parece que la luz barre la superficie del océano. Alrededor de la parte externa de la habitación de la linterna se encuentra la pasarela. Este andén angosto permite limpiar fácilmente las ventanas de la habitación de la linterna.

En la niebla, la luz no puede verse desde lejos de la costa. Entonces una sirena antiniebla en la parte superior del faro suena cada unos segundos para advertir a los barcos. En algunos faros, las antenas envían señales de advertencia a las radios de los barcos cuando hay niebla y tormentas.

Lentes especiales en la lámpara eléctrica amplifican su luz. También enfocan la luz en un haz que puede brillar más de 20 millas en el mar.

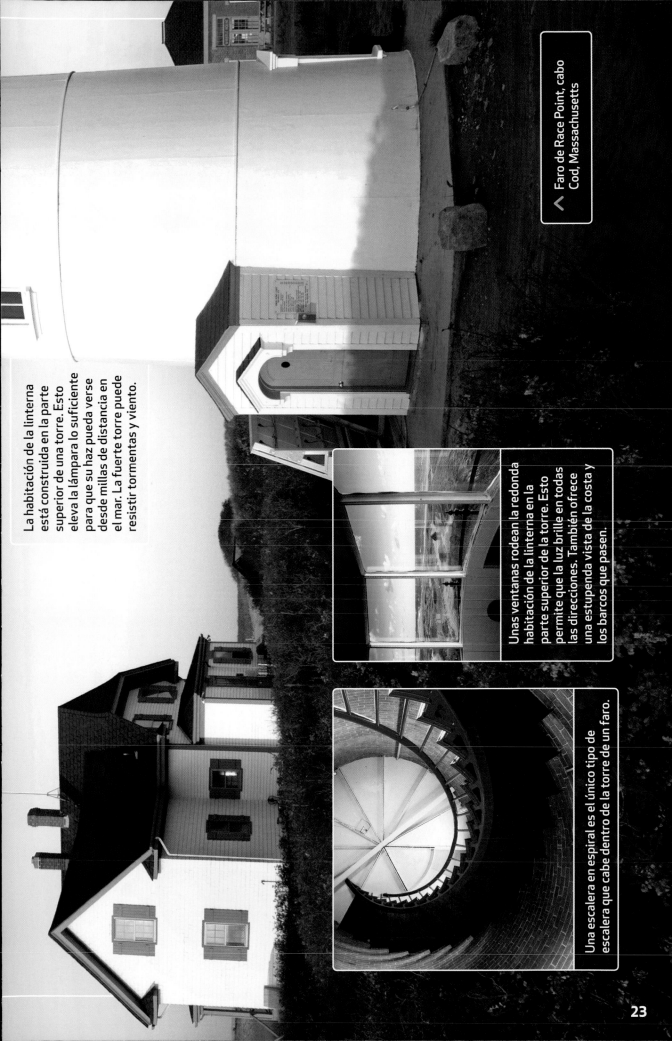

La habitación de la linterna está construida en la parte superior de una torre. Esto eleva la lámpara lo suficiente para que su haz pueda verse desde millas de distancia en el mar. La fuerte torre puede resistir tormentas y viento.

Unas ventanas rodean la redonda habitación de la linterna en la parte superior de la torre. Esto permite que la luz brille en todas las direcciones. También ofrece una estupenda vista de la costa y los barcos que pasen.

Una escalera en espiral es el único tipo de escalera que cabe dentro de la torre de un faro.

< Faro de Race Point, cabo Cod, Massachusetts

23

Único y poco común

Aprendiste sobre las características más importantes de los faros. Viste cómo han cambiado con los años. Ahora echa un vistazo a estos faros únicos y poco comunes.

¡Algunos incluso están embrujados!

El faro West Quoddy Head de Maine se encuentra en el punto más oriental de los Estados Unidos. ¿Te resulta conocido? Se usa en muchos calendarios y carteles de viajes.

El faro de la isla Sheffield, en Connecticut, que se construyó en el año 1868 funcionó durante 34 años. En la actualidad es un museo en medio de una reserva natural.

En el año 1975, el faro de seis lados de Drum Point se mudó de las aguas de la costa de Maryland a los terrenos externos de un museo cercano.

Faros embrujados

Cri-i-i-c... Cuando abres la puerta del faro, parece que algo empuja contra ella desde el otro lado. Una vez que entras, la puerta se cierra de golpe detrás de ti. Estás solo, pero parece que alguien más está allí. ¿Este faro está embrujado?

Algunos creen que el faro de Point Lookout en Maryland es el faro más embrujado de los Estados Unidos. Las puertas se abren y se cierran sin razón alguna. Se oyen voces, pisadas e incluso ronquidos, pero no hay nadie allí. Antiguamente, cerca de allí había un campo de prisioneros. ¿Los prisioneros frecuentan el faro?

Hace muchos años en Owls Head Light en Maine, la hija de tres años del vigía despertó a sus padres para advertirles: "¡La niebla está entrando! ¡Hay que poner la sirena!". Dijo que la advertencia vino de su "amigo imaginario", que parecía un viejo capitán de mar. ¿Se trataba en verdad del fantasma de un viejo vigía?

Compruébalo ¿Cómo los faros protegen los barcos en la costa del Atlántico Norte?

Lee para descubrir sobre los famosos ponis de la isla Assateague.

DONDE CORREN LOS PONIS SALVAJES

por Elizabeth Massie

> Los ponis salvajes de Assateague tienen muchos colores. Esto incluye marrón, negro, café y con manchas marrones y negras.

UNA MANADA DE PONIS SALVAJES GALOPA POR

la playa arenosa. Con la cabeza y la cola en alto, los ponis corren libremente. Vuelven de la costa, galopan sobre las dunas de arena hacia la ciénaga cubierta de hierba, y luego se detienen a pastar. Estos son los ponis salvajes de la isla Assateague.

¿Qué diferencia hay entre un caballo y un poni? Los ponis no son caballos jóvenes. Son más pequeños que los caballos incluso al alcanzar su tamaño adulto.

Assateague es una larga y angosta **isla de barrera** cerca de la costa de Maryland y Virginia. Hasta donde las personas recuerdan, los ponis han vivido aquí (y solo aquí) en la parte más al sur de la región de la costa del Atlántico Norte. Pero, ¿de dónde vinieron estos ponis? Nadie sabe con certeza. Algunas leyendas locales afirman que son **descendientes**, o parientes, de unos ponis que nadaron a la costa de la isla cuando un barco español naufragó cerca de la costa alrededor del año 1600.

En la isla Assateague, los ponis viven en un área llamada **refugio**. En esta área protegida, la fauna puede vivir libremente. Los ponis deambulan por las playas, las dunas y las ciénagas del refugio sin cercas que los detengan o establos que los restrinjan. No hay personas que vivan en la isla de Assateague. Sin embargo, viven personas en la cercana isla de Chincoteague.

Los turistas visitan la isla Assateague para caminar, andar en canoa o en balsa y acampar. Sin embargo, la principal razón por la que vienen es para ver a los ponis. Los ponis atraen a muchos turistas. Esto ayuda a los negocios de las comunidades de los alrededores.

Miles de personas de todo el mundo vienen cada año a observar cómo nadan los ponis en el canal entre Assateague y las islas de Chincoteague.

Cuando hace frío, a los ponis de Assateague les crece un pelaje más grueso que los ayuda a permanecer abrigados.

LOS PONIS NADAN

La isla Assateague tiene espacio para que vivan algunos ponis. Cada año la ciudad debe vender algunos ponis jóvenes para que la isla no se llene demasiado.

Por lo tanto, desde el año 1925, en una ciudad en la isla Chincoteague se celebra una "natación de ponis" y una feria todos los veranos.

Durante este evento, los trabajadores llamados vaqueros de agua salada arrían amablemente a los ponis desde la isla hasta el **canal**, o vía navegable angosta, entre las islas Assateague y Chincoteague. Esperan que no haya marea, cuando el agua del canal está tranquila. Así, los ponis pueden cruzar a nado de forma segura. Luego desfilan por la feria. Al día siguiente, después de vender a los ponis jóvenes, los ponis adultos vuelven a la isla nadando.

Los habitantes de la ciudad realizan la venta todos los años porque ayuda tanto a la ciudad como a los ponis. La venta ayuda a limitar el número de animales que viven en la isla. Los ponis que se venden reciben alimento y cuidado. La ciudad luego usa el dinero de la venta para pagar por las cosas que necesita.

MANTENER SALVAJES A LOS PONIS

No es buena idea que estos ponis tengan demasiado contacto con las personas. Los ponis salvajes cambian su manera de actuar si están mucho tiempo cerca de las personas. A algunas personas de la comunidad les preocupa que conocer personas en las ferias esté haciendo que los ponis sean más sumisos, o menos salvajes.

Por ejemplo, los ponis les piden comida chatarra a los turistas en lugar de comer el alimento que encuentran por su cuenta. Algunos de los ponis incluso engañan a los turistas para que les den comida chatarra. Los ponis adultos empujan amablemente a una cría delante de un carro lleno de turistas que se mueve lentamente. Cuando el carro se detiene, los ponis adultos se acercan a pedir alimento.

La comida chatarra no es buena para los ponis. Los guardabosques han creado la regla que dice que nadie se puede acercar a menos de 10 pies de los ponis salvajes. La regla intenta evitar que las personas alimenten a los ponis. Si los ponis no creen que pueden obtener alimento de los humanos, quizá permanezcan más salvajes.

Estos ponis acaban de cruzar el canal a la isla Chincoteague. La venta de ponis mantiene la manada que vive en la isla con unos 160 ponis.

Muchos tipos de hierba crecen en la isla Assateague. Los ponis comen hierba, junto con plantas como los escaramujos y las ramitas de baya de laurel.

Compruébalo ¿Cómo influyen los ponis de Assateague en la vida de las personas que viven en Chincoteague?

Comenta

1. ¿Qué conexiones puedes establecer entre los cinco artículos que leíste en este libro? ¿Cómo se relacionan los artículos?

2. Elige una característica de la costa del Atlántico Norte que más te interese o de la que quieras aprender más. Explica tu elección.

3. ¿Cuál es un peligro al que se enfrentan los animales de la poza de marisma en marea alta? ¿Cuál es un peligro al que se enfrentan en marea baja?

4. De los tres trabajos descritos en el artículo "Barcos, ciénagas y bulones", ¿cuál te gustaría menos hacer? Explica tu elección.

5. ¿Cómo podría la popularidad de los ponis de la isla Assateague ayudarlos o perjudicarlos?